AF561603

ESSAI

SUR LA VIE ET LES OUVRAGES

DE PIERRE PUGET.

DE L'IMPRIMERIE DE P. DIDOT L'AÎNÉ.

ESSAI

SUR LA VIE ET LES OUVRAGES

DE PIERRE PUGET.

PAR ZÉNON PONS.

Die vita eterna a i marmi, e i marmi a lui.

A PARIS,
CHEZ DELAUNAI, LIBRAIRE,
AU PALAIS-ROYAL.
M. DCCCXII.

ESSAI

SUR LA VIE ET LES OUVRAGES

DE PIERRE PUGET.

L'ARTISTE qui honore le plus la France est peut-être celui que les Français connaissent le moins. Trop souvent ingrats et inconsidérés, ils prodiguent les richesses et les honneurs à la médiocrité parée d'un nom étranger, tandis qu'ils voient d'un œil indifférent les merveilles de leur propre sol.

Paris ne possède qu'un très petit nombre des ouvrages de Puget: aussi ce grand maître n'eut jamais aucune influence sur notre école. Lui seul aurait pu cependant arrêter la décadence de la sculpture dans le dix-huitième siècle; lui seul, aujourd'hui même que les arts jettent un éclat si vif, apprendrait à nos artistes comment, sans froideur et sans séche-resse, on peut reproduire les belles formes et la sublime expression de l'antique.

L'ame de ce grand homme était au niveau de son génie : il dédaigna l'or et la louange, qui ne s'obtiennent qu'au prix de l'honneur. Fort de la conscience de son talent et pénétré de la dignité des arts, il refusa d'être l'esclave des conceptions de Le Brun ; il vécut et mourut pauvre.

La postérité croira difficilement que Louis XIV, ce monarque qu'on lui peint donnant l'essor à tous les arts et se déclarant leur protecteur, connût aussi mal les hommes et ses propres intérêts.

Si les contemporains de Puget furent ingrats, devons-nous l'être ? Ah ! bien plutôt, rendons à cet homme illustre l'éclatante justice qu'il mérite. Grand peintre, il eût été le rival des maîtres les plus célèbres, si de bonne heure il n'eût brisé ses pinceaux : grand architecte, plusieurs monumens et une foule de dessins attestent la fécondité de son imagination et la noblesse de son goût : sculpteur inimitable, il déploya tout ce que le génie a de force et de majesté ; le sentiment et la grâce embellirent encore ses ouvrages.

Né dans une ville qui s'honore d'avoir possédé Puget dans ses murs, l'admiration et la reconnaissance m'ont dicté cet écrit.

Pierre Puget naquit à Marseille en 1622. Dès sa plus tendre jeunesse, il se distingua par son aptitude à manier le ciseau. Confié d'abord à un sculpteur médiocre, nommé *Roman*, il fut bientôt admis parmi les élèves sculpteurs de l'arsenal de cette ville. En peu de mois, il eut surpassé ses camarades, et put diriger lui-même la construction d'une galère. Il était alors dans sa quinzième année. Son génie, trop à l'étroit dans sa patrie, l'entraînait vers l'Italie. Seul et sans ressources, il part. Bientôt, pressé par le besoin, il s'arrête à Florence. Adressé au sculpteur du Grand-Duc, il attire sur lui l'attention de son maître, qui, charmé de posséder un trésor qu'il sait apprécier, veut retenir Puget auprès de lui. Mais Rome l'appelle ; il s'arrache des bras de son bienfaiteur, arrive dans la ville d'Auguste et de Léon X, et devient l'élève de Pierre de Cortone. Plein d'admiration pour cet artiste célèbre, Puget quitte le ciseau. Ses progrès dans la peinture sont tellement rapides, il s'approprie si bien la manière de son maître, qu'en peu de temps l'œil le plus exercé confond ses ouvrages avec ceux du peintre italien. Après quelques années de séjour à Rome, Puget, tourmenté par le besoin de revoir sa terre natale, quitte l'Italie. L'an 1643, il était à Marseille.

Déjà plusieurs beaux tableaux lui assurent une place distinguée parmi nos artistes. Quelques officiers de marine font au duc de Brézé, amiral de France, le récit de ce qu'ils ont vu dans l'atelier de Puget. Ce duc l'engage à venir à Toulon. Le jeune artiste brûlait de se signaler dans de grandes entreprises : l'amiral le seconde en lui demandant le modèle du plus beau vaisseau qu'on pût imaginer. Ce modèle surpassa l'attente générale et fut exécuté.

Puget composa aussi à cette époque un grand nombre de dessins pour l'ornement des vaisseaux. On n'avait point encore vu ces poupes élégantes, ces superbes galeries dont il fut l'inventeur. On les imite encore aujourd'hui, sans pouvoir les égaler.

Mais ce n'était pas dans un arsenal militaire que le génie de notre Phidias pouvait prendre tout son essor.

La reine Anne d'Autriche envoyait en Italie des artistes chargés de faire des copies exactes des monumens antiques. Puget est choisi pour concourir à l'exécution de cette belle entreprise. Il revoit avec transport la terre classique des arts, terre heureuse où les souvenirs et les chefs-d'œuvre s'offrent à chaque pas. Les moindres débris de l'antiquité n'échappent point à ses recherches; il mesure et dessine tout. C'est alors que se développe son beau talent pour l'architecture; c'est dans ces études qu'il puise ce goût si grand, si noble qui lui faisait dire avec la confiance qui sied au génie lui seul : « Si j'avais eu le bonheur d'être « architecte du roi, j'aurais fait des choses « qui auraient égalé, surpassé peut-être « tout ce que l'antiquité a produit de plus « beau. »

Cependant il ne néglige pas sa palette. Entouré des chefs-d'œuvre des plus grands maîtres, il se sent inspiré par leur génie. Pierre de Cortone n'est plus son modèle unique: le faire large et hardi des Carraches, le sublime de Raphaël, la grâce de Corrège l'attirent tour-à-tour.

Puget retourne à Marseille en 1653. C'est depuis cette année jusqu'en 1657, époque où il renonça à la peinture, que furent exécutés les tableaux dont il a embelli la Provence.

Comme peintre, Puget possède les parties les plus difficiles de l'art. Son dessin est grand et sévère, il excelle dans l'entente du clair-obscur. Les sujets qu'il traite se font presque tous remarquer par leur simplicité; aucun accessoire inutile n'en obscurcit le sens. Il cherche à produire de grands effets; mais il n'emploie point, pour parvenir à ce but, le fracas des compositions du Cortone. La couleur de Puget diffère aussi de celle de ce maître; elle n'a pas ce faux brillant qui séduit un moment, mais qui fatigue, parcequ'il n'est pas dans la nature.

Puget n'est jamais aussi grand que lorsque, cessant d'être imitateur, il n'obéit qu'à l'inspiration de son propre génie.

Il n'a pas ce qu'on appelle une *manière*. On diroit que dans ses tableaux qui sont parvenus jusqu'à nous il cherchait encore le genre de son talent. C'est surtout pour la couleur qu'il est bien souvent différent de lui-même, et que tantôt gris et faible, il est ensuite vigoureux et chaud.

Un assez grand nombre de tableaux de ce maître appartenaient autrefois à son petit-fils, et sont aujourd'hui obscurément dispersés dans divers cabinets. Tels sont une Rachel, un S. Jean-Baptiste, un S. Denis, une Bacchante, une Nativité; on peut y ajouter l'éducation d'Achille. J'ai vu ce dernier, qui n'est qu'ébauché, dans la demeure d'un marchand de tableaux. Le dessin m'en parut noble, la touche large et ferme.

La chapelle du collège d'Aix possède deux tableaux de Puget. Arrêtons-nous devant cette *Annonciation :* qu'elle est belle cette Vierge ! Pénétrée de reconnaissance, elle sent tout le prix de la faveur du Très-Haut;

l'amour, l'étonnement, l'humilité se peignent sur tous ses traits. Les formes de l'ange Gabriel sont pleines d'élégance, sa pose est expressive et respectueuse. Le charme de la composition a passé dans la couleur. Arrêtons-nous aussi devant cette *Visitation*. Il y a dans ce tableau des difficultés heureusement vaincues; il y a aussi de la grâce et de la vérité, moins cependant que dans le tableau précédent.

Dans le musée de Marseille, à côté des plus grands maîtres, Puget est encore grand. Entendez-vous le vénérable Saint-Remy qui dit à ce guerrier farouche : *Courbe la tête, fier Sicambre!* C'est une figure originale que celle de Clovis ; elle offre un heureux mélange de fierté, de rudesse même et de docilité. Quel contraste avec la douce majesté du saint pontife! En louant la variété des expressions et des attitudes des spectateurs *du Baptême de Clovis*, on peut observer que la couleur de ce tableau s'éloigne de la nature : les teintes grisâtres y dominent trop.

Le *Baptême de Constantin* est remarquable par sa belle et riche composition. Tout y est en harmonie avec la scène imposante offerte à nos regards, tous les personnages y sont à leur place ; ils tendent tous à l'effet général : la couleur est brillante sans être fausse.

Assis sur un trône de nuages, le *Sauveur du monde* nous montre le ciel. Les anges l'environnent. Où Puget trouva-t-il cette vigueur ? Qui lui apprit à disposer si savamment ces belles masses de lumière ? Est-ce Paul Véronèse qui donna à ce tableau cette harmonie enchanteresse ? Tout brille autour du Christ et lui-même éclipse tout. — Ils n'ont pas vu ce tableau ceux qui refusent à Puget une place parmi les maîtres de l'art. On conserve à Marseille le portrait de Puget peint par lui-même (1) : tous ses traits sont pleins de noblesse, son mâle génie y est empreint ; cette tête est vivante, elle pense. Sous le rapport du faire, elle est remarquable par une couleur franche et par un coup de pinceau net et arrêté.

---

(1) Il se voit chez M. de Panisse, à Marseille.

Un charme inexprimable nous retient devant cette *Fuite en Egypte* (1). C'est un paysage à la manière du Poussin. On y reconnaît l'homme sensible et l'artiste philosophe. Le style en est grand, sublime même dans sa simplicité. Quatre personnages animent seuls cette belle composition. La Vierge tient l'Enfant-Jésus dans ses bras; Saint-Joseph est à côté d'eux, il paraît inquiet, il se hâte. On aime à rêver devant ce tableau. Ces ruines pittoresques de monumens antiques ne sont pas là comme un vain ornement; elles cachent une pensée profonde.

La *Vierge montre à lire à l'Enfant-Jésus.* La pose de cette Vierge est aisée et naturelle; tout ce que le sentiment maternel a de plus doux se peint sur sa figure. Le divin enfant est debout sur les genoux de sa mère; un livre est ouvert devant lui. Ce sourire animé,

---

(1) Ce tableau et celui de *la Vierge qui montre à lire à l'enfant Jésus* appartenaient à M. Boyer d'Aguilles, conseiller au parlement de Provence, qui les fit graver par Coëlmans. Ces estampes se trouvent dans le premier volume de son cabinet de tableaux.

ce regard expressif décèlent un Dieu. C'est le sentiment qui fait vivre les productions des arts : heureuses celles qui en portent l'empreinte ! Celle-là est du nombre.

Une *Sainte-Famille* (1). Ce sujet sourit à l'imagination des peintres : j'en connais peu qui ne l'aient traité. Celle-ci est d'un style grandiose, d'une couleur vigoureuse. Ce n'est pas l'élève du Cortone qui l'a composé et qui l'a peint. La beauté de la Vierge a quelque chose de sévère et de religieux : sa tête est pleine de douceur et en même temps de dignité ; les draperies sont remarquables par leur noblesse et leur vérité.

Trois tableaux, qui occupaient un rang distingué dans l'œuvre de Puget, décoraient autrefois l'église de la Valette (2). Tous les trois ont été la proie des flammes révolutionnaires. Celui du maître-autel représentait *St Hermentaire ;* un monstre, qu'il venait de terrasser, était étendu à ses pieds :

(1) Ce tableau se voit à Aix, chez M. Boyer de Fonscolombe.

(2) Village situé à une lieue de Toulon.

tout près de lui, une femme tenait dans ses bras son fils mort et l'élevait vers le Saint, qui intercédait auprès de la Vierge. L'ordonnance de ce tableau était tout à-la-fois riche et simple, et nous devons vivement regretter qu'il n'existe plus (1).

Les deux autres représentaient l'*agonie de S Joseph*, et *S. Jean écrivant l'Apocalypse*. Ce dernier sujet n'est pas du ressort de la peinture : les arts ont des limites qui doivent être respectées par le génie même. Mais tout ce qui était extraordinaire était fait pour plaire à Puget.

L'église cathédrale de Toulon possède encore deux tableaux de cet artiste. Ils n'ajoutent rien à sa réputation. L'un représente *la Vierge, S. François* et *l'Enfant-Jésus*. Ici, le dessin manque de correction et le coloris de force et de chaleur. Homère sommeille quelquefois. Puget avait sans doute esquissé cet ou-

(1) J'en ai vu le dessin original à Marseille, chez M. Famin, agent des relations extérieures, amateur aussi distingué par ses connaissances dans les arts, que par sa politesse et son affabilité.

vrage, lorsqu'il y aperçut des défauts qui ne lui permirent pas de l'achever. La Vierge est portée sur une nue; elle est tellement enveloppée dans ses draperies, qu'on ne sent pas le mouvement de ses jambes. On doit cependant remarquer la tête de S. François; elle est d'un beau caractère; c'est bien là l'expression d'un homme accoutumé à la contemplation, et dont tous les traits respirent l'onction et l'amour.

Dans cette *Annonciation*, l'ange Gabriel va tomber, et son corps, suspendu dans les airs, forme une ligne désagréable. Mais nous est-il permis de juger ce tableau? Il a été repeint en entier.

Dans la maison que Puget occupoit à Toulon, et qui est d'un genre d'architecture extraordinaire, mais sans mauvais goût, il peignit les *trois parques* sur un plafond. La couleur en est vigoureuse et fraîche, le dessin mérite aussi des éloges, la composition est dans le goût antique. On sent que dans ses tableaux] Puget se livre rarement à cette imagination ardente qu'il eut tant de peine à maîtriser, lorsque, le ciseau à la main, il donna la vie au marbre. La bordure de ce plafond est sur-tout remarquable. A l'aspect de cette profusion étonnante d'ornemens, on se rappelle Raphaël peignant les arabesques du Vatican. Comment ces hommes, dont les compositions gigantesques nous étonnent, ont-ils pu finir ces détails avec tant de patience et d'exactitude ?

Le moment est venu où Puget va quitter ses pinceaux. Artiste infatigable, il a prodigué ses forces ; elles l'abandonnent : il tombe malade à Toulon. A peine convalescent, il redemande sa palette ; mais les médecins exigent de lui qu'il renonce à la peinture dont les travaux abrègeraient ses jours. C'est alors (en 1657) que Puget reprit le ciseau que depuis long-temps il avait abandonné. Dès-lors ce grand homme se montra tout ce que la nature l'avait fait. Dans la peinture il comptait des rivaux, des maîtres même : dans la sculpture, il n'eut point d'égal parmi ses contemporains ; et l'Italie ne put lui opposer que son Michel-Ange.

Quel sera son début dans cet art devenu, pour ainsi dire, nouveau pour lui ? Un chef-d'œuvre, un monument où le génie a empreint toute sa force et toute sa grandeur. On ne voit que le torse et les extrémités supérieures des figures colossales qui supportent le balcon de l'hôtel-de-ville de Toulon. On les appelle *Thermes*, *Caryatides*, *Tritons*, etc.; le nom d'*Atlantes* est le seul qui leur convienne. Dans l'attitude de ce géant dont parle la fable, ces nouveaux Atlas se courbent pour supporter l'énorme fardeau qui pèse sur leur tête et sur leurs épaules. Avec quelle vérité l'artiste a représenté ces efforts prodigieux destinés à soutenir un poids au-dessus des forces humaines!

Ces formes sont prises dans une nature commune, sans être triviale : cette taille est courte et forte comme celle d'Hercule ; ces muscles charnus, serrés les uns contre les autres, n'appartiennent qu'à l'homme dès son enfance exercé aux plus rudes travaux. Puget a surpris la nature dans un des momens où elle se dévoile à l'homme de génie. Qui sut mieux que lui exprimer avec la pierre le mouvement des muscles et l'élasticité de la peau?

Une tradition constante veut que Puget, outragé par les consuls de Toulon, ait imprimé à ces figures le caractère de la physionomie de ces orgueilleux magistrats; quelques écrivains le nient (1), mais sans fondement. Clésidès, dédaigné par une reine, la peint dans les bras d'un pêcheur (2); Michel-Ange précipite un cardinal dans les flammes de l'enfer; la même place est réservée aux ennemis du Dante : le génie n'a-t-il pas le droit d'éterniser ses vengeances?

L'artiste, dont un monarque seul aurait pu dignement récompenser les travaux, va dans le fond d'une province (en 1659) embellir le château d'un simple ami des arts. C'est en Normandie que Puget, appelé par M. Girardin, va déployer de nouveau cette étonnante facilité qui, le rendant maître de son art, lui faisait préférer les formes plus grandes que nature. Deux figures colossales

---

(1) Millin, Voy. dans les départements du midi, tom. II, p. 428. — Rabbe, Elog. de Puget, p. 16.

(2) Pline, lib. XXXV, cap. 2. — 39.

en pierre, représentant, l'une Hercule, l'autre la Terre qui couronne Janus d'olivier, sont le fruit d'une année de séjour dans le château de Vaudreuil. Le Pautre les voit, il s'étonne qu'un homme d'un talent déjà si mûr reste dans l'oubli; il en parle au célèbre Fouquet qui, alors dans tout l'éclat de sa puissance, la relevait par la protection éclairée qu'il accordait aux gens de lettres et aux artistes. Ce ministre, dont tous les arts se sont plu à immortaliser le souvenir, attire Puget auprès de lui, et c'est à ce grand homme que sont confiés les ouvrages de sculpture qui doivent orner Vaux-le-Vicomte. Le marbre était alors très rare en France; Fouquet charge Puget d'aller à Gênes en choisir lui-même plusieurs blocs. Pendant son séjour dans cette ville, l'artiste restera-t-il oisif? Il destine à la France un nouveau chef-d'œuvre : c'est encore l'image d'Hercule qu'il nous offre. On dirait que, semblable à Michel-Ange, il n'a voué son talent qu'à la représentation de la force.

Cet Hercule est assis, il se repose, il jouit de sa gloire. Qu'il sera terrible quand il se relèvera ! Quelles vastes formes ! Ce cou est bien celui d'Hercule, il a soutenu le fardeau du monde. Sa tête est tournée vers le ciel : c'est là que ses travaux immortels lui assurent une place ; idée sublime, que n'eut pas l'artiste grec qui fit l'Hercule Farnèse. Avouons-le cependant, cette tête n'est pas digne d'un corps si parfait. Est-ce un portrait que Puget a voulu faire ? Ce n'est point là la tête d'un demi-dieu. Je ne parle pas de quelques négligences ; elles ne prouvent que l'enthousiasme de l'artiste.

La mission de Puget était remplie ; il se préparait à repasser en France, lorsque la nouvelle de la disgrâce de Fouquet se répandit à Gênes. Les personnages les plus distingués de cette ville avaient eu, dans l'*Hercule français*, la plus belle preuve du talent de l'artiste ; ils étaient jaloux de le fixer dans leurs murs. Puget ne résista pas à leurs pressantes sollicitations. Des blocs de marbre blanc de la plus grande beauté lui furent confiés. Quatre statues colossales devaient décorer les niches placées sous la coupole de l'église de Carignan : Puget n'en exécuta que deux ; une seule eût suffi pour lui assurer l'immortalité.

La sculpture moderne peut-elle rien opposer à ce S. Sébastien ? Quelle plume assez habile pour rendre ce que le marbre a si bien exprimé ? Des barbares ont percé de flèches ce corps si beau ; mais ils ne peuvent rien sur cette ame céleste et courageuse qui se peint sur tous les traits du généreux martyr. L'espérance et la foi brillent sur son front ; la douleur s'y laisse entrevoir : l'Homme-Dieu lui-même ne paya-t-il pas ce tribut à la nature ? Son corps succombe, ses jambes défaillantes ne peuvent plus en supporter le poids ; ses bras seuls, attachés à un arbre, le soutiennent encore ; il ne reste plus qu'un souffle de vie sur ses lèvres glacées : tournés vers le ciel, ses yeux appellent la palme due à tant de vertus et à une mort si glorieuse.

Les anciens connurent-ils mieux l'art d'exprimer noblement la douleur ? Leurs ouvrages nous causèrent-ils jamais une plus vive émotion ? Mais pourquoi parler ici des anciens ? Le caractère de cette figure n'a rien de commun avec celles de l'antiquité. On cite le mot d'un artiste qui, en voyant cette statue, s'écria que le sujet seul l'empêchait de la prendre pour une antique. Il n'avait sûrement pas lu dans la pensée de Puget, il n'avait pas étudié cette tête.

Je crois voir Puget devant le bloc informe auquel il va donner la vie. Dérobera-t-il à Apollon ces formes où brillent tout à-la-fois la grâce et la force? Empruntera-t-il à Mercure la finesse de ses traits? à Bacchus, ces membres arrondis qui, presque semblables à ceux d'un autre sexe, respirent la volupté? Non. Une religion chaste et austère guide son ciseau : il nous montre tout ce que la jeunesse et la beauté ont de plus pur et de plus ravissant; mais ne cherchez point ici Apollon ou Antinoüs : c'est un saint, c'est un martyr que Puget vient de créer.

Arrachons-nous de devant ce chef-d'œuvre, en voici un autre d'un genre différent. C'est un vieillard ; c'est Ambroise (1). Une

---

(1) M. Famin possède, dans son beau cabinet, un dessin légèrement lavé de cette statue. C'est sans doute la première pensée de l'artiste.

inspiration religieuse est peinte sur son visage et dans sa pose simple, noble, grande. Las d'habiter la terre, il aspire à l'éternelle demeure. On ne peut se défendre, en approchant de cette statue, d'un sentiment de respect et de vénération.

Puget est encore créateur dans la manière dont il a drapé cet évêque. Pouvait-il marcher sur les traces des anciens , ayant à représenter ce costume ingrat , ces étoffes roides sous lesquelles le nud ne peut se faire sentir? Il fut vainqueur de tant de difficultés; à force d'art, il fit oublier le marbre. On ne pouvait plus heureusement disposer les mouvemens de ces draperies pour varier les effets de la lumière et de l'ombre, et distinguer la nature de ces étoffes par la diversité des plis et le travail du ciseau.

Nous voici devant l'asile des pauvres , l'*Albergho dei poveri*. N'entrons pas dans ce séjour, que la bienfaisance consacra au malheur, sans admirer cette façade riche et élégante dont Puget traça le plan. Mais la Vierge nous appelle; elle quitte la terre; oh comme elle en est déjà loin! Elle va dans le ciel occuper la place que ses vertus et la faveur la plus inouïe lui réservent. Brillante d'une immortelle jeunesse, elle paroît en extase. Que de pureté, que de divinité dans cette tête ! une douceur toute céleste est sur son front, elle anime son regard.

On demandoit un jour à Michel-Ange ce qu'il pensait des portes d'une église de Florence coulées en bronze par Ghiberti. Elles sont si belles, répondit Buonarotti, qu'elles seraient dignes d'être les portes du Paradis (1). A l'aspect de cette Vierge, il se fût écrié : Oui, elle est vraiment digne d'habiter le ciel.

Puget a connu toute la magie de son talent dans la représentation de la jeunesse et de la beauté. Deux autres statues de *Vierge* vont nous en offrir de nouvelles preuves. L'une (2) porte l'Enfant-Jésus dans ses bras ; groupe admirable, que caractérise une douce majesté, et qu'on ne peut regarder sans attendrissement.

L'autre est également remarquable par la

(1) *Vasari, vita di Lorenzo Ghiberti.*

(2) Cette Vierge est dans la chapelle du palais Carrega.

pensée et par l'exécution (1). Marie tient ses bras croisés sur son sein, sa tête est penchée avec grâce. L'Esprit-Saint la pénètre; il répand sur elle ses faveurs les plus précieuses. Ce n'est plus une femme ordinaire, c'est déjà la mère de Dieu. Elle pose ses pieds sur un globe, et foule le serpent, cause de tous nos maux. Deux anges entourent la Vierge : l'un porte la palme due à ses vertus ; l'autre tient un miroir et une rose, symboles de sa beauté et de sa pureté. Toutes les ressources de l'art n'ont rien pu faire au-delà pour représenter un mystère.

Puget a vêtu cette Vierge d'une tunique, et par-dessus d'un manteau qui flotte en arrière. Il étoit impossible de donner à ces vêtemens plus d'élégance et de légèreté; ils font sentir le nud, mais seulement comme il convient dans un semblable sujet.

Je ne ferai qu'indiquer ici la chapelle dédiée à saint Louis, un des plus beaux or-

(1) Cette *Conception* fut faite pour le sénateur Lomellini. La famille de ce noble s'étant éteinte, le dernier seigneur de ce nom la légua à la confrérie de St. Philippe.

nemens de l'église de l'*Annonciade;* les anges en bronze doré qui décorent le maître-autel de l'église de *Saint-Sir ;* les symboles des évangélistes dans celle de *Notre-Dame-des-Vignes ;* la Vierge du palais *Balbi*, et les ornemens d'une fontaine dans le palais *Brignolé*. Un simple modèle en terre cuite réclame notre attention. Pâris enlève Hélène ; il est déjà sur le navire qui doit le conduire sur les bords phrygiens : un matelot tient Hélène dans ses bras et va la déposer auprès de son ravisseur ; un amour plein de grâces est entre Pâris et Hélène ; il indique le motif de leur fuite, et sert à lier la composition. Pâris tient d'une main son glaive ; il regarde l'épouse de Ménélas ; l'espérance et l'amour se peignent sur sa figure. On y aperçoit un mélange de crainte. L'artiste a voulu sans doute caractériser ce guerrier efféminé qui doit un jour mériter les reproches d'Hector. La figure d'Hélène est pleine de charme et d'expression ; l'effroi s'y mêle à la confiance que lui inspire son ravisseur. Puget a fini cette esquisse plus qu'à son ordinaire ; le plus souvent il ne se servoit que de simples maquettes où ses idées étaient à peine indiquées.

Tandis que ce grand homme se livrait avec ardeur à l'exécution d'un bas-relief représentant l'Assomption, qu'il destinait au duc de Mantoue, rencontré pendant la nuit par des sbires, il fut conduit en prison, et n'en sortit que le lendemain. Quelqu'empressement qu'eussent témoigné ses amis, il ne leur pardonna pas d'avoir différé de plusieurs heures son élargissement. Furieux, il rentre chez lui, et armé d'un marteau de forge, il frappe et mutile les chefs-d'œuvre que son génie a créés.

Résolu de quitter Gênes, il se hâte de terminer le bas-relief et de l'envoyer au duc de Mantoue. Ce prince, charmé des beautés de cet ouvrage, voulait appeler l'artiste auprès de lui ; mais la mort priva Puget d'un protecteur aussi puissant. Le Bernin, qu'attiraient alors en France les magnifiques promesses de Louis XIV, vit ce bas-relief, et arrivé à Paris, s'étonna, devant Colbert, qu'on pût laisser loin de sa patrie un homme si bien fait pour l'honorer. Colbert invite alors Puget à repasser en France, mais c'est pour outrager son génie : l'auteur de Saint-Sébastien est nommé *directeur des ouvrages qui regardent l'ornement des vaisseaux.* Puget ne voit que la gloire de servir sa patrie; il vient de nouveau s'ensevelir dans un arsenal, et prive Gênes des chefs-d'œuvre qu'elle attendait.

Il se faisait un jeu de cette foule de dessins qu'il composait chaque jour pour la décoration des vaisseaux; lui-même souvent les exécutait; mais pourquoi prodigua-t-il son génie à ces œuvres fragiles, la proie inévitable de la mer et du temps? Le vaisseau *le Monarque*, qu'il avait orné de si belles figures, périt à peine sorti du port.

Cet homme extraordinaire se pliait à tout. Il introduisit dans nos chantiers l'usage des grues; il inventa une machine ingénieuse qui, il n'y a pas long-temps encore, servait à démâter les vaisseaux.

Les amis des arts connaissent le prix des dessins lavés sur vélin que Puget exécuta à cette époque : ils sont si nombreux, que j'essayerais en vain d'en donner une liste complète. Plus on en voit, plus on est surpris que cet homme, *devant qui le marbre tremblait* (1), ait pu finir avec cette précision, et soigner jusqu'aux moindres détails. Ces dessins sont pleins de finesse, de mouvement et de chaleur ; les sites en sont toujours pittoresques ; les accessoires d'un heureux choix. Il n'est pas une de ces *marines* qui ne nous apprenne combien le génie retire de l'observation de la nature.

Dans ce même temps, Puget fit, pour ses amis de Gênes, un modèle de l'église de l'Annonciade, et le baldaquin du maître-autel de l'église de Carignan. On y remarque ce grandiose, cette simplicité majestueuse qui caractérisent les ouvrages des plus célèbres architectes. Puget agrandissait tout ce qu'il traitait : il ne pouvait pas être différent de lui-même ; et, jusque dans les ornemens des

---

(1) Expression dont Puget s'est servi dans son Mémoire à Louvois : « Je me suis nourri aux grands ouvrages, je nage quand j'y travaille ; et le marbre tremble devant moi, pour grosse que soit la pièce. »

vaisseaux, se déployaient les plus vastes, les plus hardies conceptions. Il donna aussi des dessins pour l'arsenal de Toulon : l'envie n'était pas satisfaite de voir Puget condamné à des travaux obscurs, elle lui ravit même cette occasion d'être utile à sa patrie.

On conserve encore le dessin d'une magnifique custode du Saint-Sacrement, qu'il fit pour l'église cathédrale de Toulon (1). Sur un autel, dont il confia l'exécution à ses élèves, on voit aussi deux figures en marbre de sa propre main. Ces deux anges sont communément appelés *adorateurs*; ils tiennent chacun un encensoir, et font monter jusqu'à Dieu le parfum de nos prières.

Ils fléchissent le genou et sont doucement inclinés. En variant avec autant d'habileté que de charme toutes les parties de leur corps, Puget a trouvé le développement parfait que la pose de ces figures et l'imitation d'une nature idéale pouvaient autoriser. Ces

(1) Le dessin de cette custode, portant les signatures d'approbation, existe à Aix, chez M. Magnan de La Roquette. (Rabbe, Eloge de Puget, p. 59.)

anges ont quitté l'enfance; ils n'en ont plus les formes rondes, les contours indécis; la souplesse et l'élégance de leurs membres nous annoncent qu'ils sont parvenus à l'adolescence; mais la beauté que l'artiste a choisie n'est point, comme celle des hommes, fragile et passagère, elle rayonne d'immortalité.

Examinez tous les traits de ces physionomies célestes : aucune passion humaine n'en a troublé l'harmonie. Suivez cette ligne qui caractérise si bien, par ses ondulations, l'âge le plus heureux de la vie, avec quelle grâce elle fuit et revient sans jamais présenter aux yeux rien qui puisse les blesser ! des difficultés mêmes jaillissent les beautés. La pose de ces figures paraissait ingrate parcequ'elle offrait des angles répétés et bien sensibles; vous trouvez à leur place les contours les plus doux et les plus variés. Tout est simple, et cependant tout est contrasté.

En 1673, Puget travaillait à l'écusson qui décore l'hôtel-de-ville de Marseille : il représente les armes du roi, surmontées d'une couronne et soutenues par deux anges. Ces figures, mutilées pendant la révolution, sont cependant encore un des plus beaux monumens de Marseille. Elles sont admirables par l'élégance des formes et le sentiment de la chair. Les ornemens se distinguent par la délicatesse et la pureté du ciseau. Cet écusson fut payé 1500 livres à Puget, et il fournit le marbre qui lui avait coûté 1396 livres !

Plusieurs blocs de marbre étaient arrivés à Toulon ; Puget en demande trois au ministre, il les obtient. Son génie va prendre un nouvel essor.

Quelle grande idée il avait de son art, celui qui entreprit de représenter le plus célèbre des athlètes à ses derniers momens ! Confiant en sa force, fier de ses nombreux triomphes, Milon (1) veut achever avec son bras ce que la cognée du bûcheron n'a pu faire : il frappe le chêne ; l'arbre éclate ; mais soudain les

(1) On voit à Aix, dans le cabinet de M. Magnan de La Roquette, le modèle de cette statue, donné par Puget à Laurent Gravier.

parties divisées reprennent avec force leur position première, et la main de Milon reste étroitement comprimée. Ce n'est point assez encore : tandis que, roidissant tous ses muscles, Milon cherche à rappeler son ancienne vigueur, un lion furieux accourt et se précipite sur lui ; le Crotoniate plonge son bras gauche dans la gueule du monstre ; mais c'est en vain ; ses membres n'ont plus cette indomtable énergie qui jadis le rendit vainqueur dans tous les combats. Avec quelle rapidité le sang circule dans ses veines ! Comme tout son corps est en contraction ! Avec quelle vérité la douleur, l'effroi, la fierté, le désespoir, se peignent sur sa figure ! Mais dans les plus affreux tourmens, ces formes colossales ont conservé leur noblesse.

Étudiez l'expression de ces jambes. Pour produire le plus grand effet, Puget semble avoir cherché la plus grande simplicité. Qu'eût fait Michel-Ange ? Il eût, dans l'attitude la plus violente, dans les mouvemens les plus convulsifs, déployé l'énergie de son ciseau et sa science anatomique ; son imagination gigantesque, pour atteindre le but, eût été au-delà.

Ici, tout est digne d'admiration : la tête, le torse, les jambes, les pieds, ces pieds savants, dont aucun modèle ne put sentir et rendre le mouvement (1).

L'envie, qui veille sans cesse à côté du génie, voulait dérober ce chef-d'œuvre aux applaudissemens du public. Louis XIV le fit placer dans une des allées les plus fréquentées de Versailles; mais ce roi borna là sa reconnaissance. Pourquoi cette production immortelle du génie français reste-t-elle exposée aux injures de l'air ? Attendons-nous qu'elle ait deux mille ans d'antiquité pour la placer sous ces voûtes qui recèlent les chefs-d'œuvre du ciseau grec ? Puget n'a rien à craindre de leur voisinage. Quel nouvel ouvrage appelle notre attention ? Lui seul, à côté de Milon, peut encore fixer nos regards.

---

(1) On raconte que Puget ne trouvant aucun modèle qui pût poser ces pieds comme il le désirait, les posa lui-même, les fit mouler, et exécuta d'après eux ceux du Milon.

La fille de Cassiope expie l'orgueil et la témérité de sa mère : elle va devenir la proie d'un monstre marin ; mais un héros combat pour elle ; le monstre est terrassé. Persée s'élance; il délivre Andromède des chaînes qui meurtrissent ses membres délicats. Quelle ardeur anime le demi-dieu ! L'amour concourt à son triomphe. Andromède est évanouie dans les bras du héros : quel mol et doux abandon ! Elle est nue ; mais son corps est voilé de pudeur. Elle est digne vraiment d'être aimée par le fils de Jupiter. La souplesse de ses formes contraste heureusement avec la vigueur de celles de Persée. Tous les traits du héros respirent la tendresse, l'amour, l'ivresse du triomphe. Dis-nous, ô Puget, par quel secret tu sus faire palpiter ce marbre? Rival de Prométhée, où dérobas-tu le feu qui donna la vie à cette pierre dure et insensible ?

On reprochait à l'artiste d'avoir fait son Andromède trop petite auprès de Persée ; comme si ce contraste ne servait pas à donner une plus haute idée des forces du vainqueur; comme s'il n'y avait point de distance entre une simple mortelle et un demi-dieu !

Après les éloges accordés par le roi lui-même à ces deux derniers ouvrages, Puget croit avoir domté l'envie; il veut enfin recueillir le fruit de ses nobles travaux; il part pour Paris.

Marseille l'arrête à son passage (en 1686). Elle veut élever à Louis XIV une statue équestre; cette statue doit décorer une place nouvelle. C'est à Puget que sont confiés ces travaux importans : il va immortaliser son séjour dans cette ville par un monument qui étonnera les personnes mêmes consommées dans l'art.

Déjà le modèle de la statue est achevé : Louis XIV foule aux pieds les nations vaincues. Tout ce que le génie a de pouvoir, tout ce que l'art a de ressources, le voilà dans ce modèle, plus précieux que tant de marbres. O Louis, ce monument seul eût éternisé ton nom !

Une foule de guerriers éperdus semblent terrassés par les seuls regards du héros, qui, plein de calme et de noblesse, est semblable à Jupiter, lorsqu'assis sur le trône du monde, il voit les orages se former sous ses pieds (1).

Ce modèle ne plut pas sans doute à des hommes que des vues étroites ramenaient sans cesse à des calculs d'intérêt. Pour les satisfaire, Puget en fit un nouveau, remarquable par un beau mouvement. Le cheval n'est porté que sur les deux pieds de derrière (2). Par quelle fatalité Marseille a-t-elle été privée de ce chef-d'œuvre? Le ressentiment d'un magistrat, dont Puget n'avait pas assez ménagé l'amour-propre et les intérêts, fut la source des dégoûts dont on l'abreuva.

Espérant toujours trouver à Paris de justes dédommagemens à tant de traverses dans la faveur du roi et les applaudissemens d'un public éclairé, Puget se remet en

---

(1) Ce modèle se voit à Aix, dans le cabinet de M. Magnan de La Roquette.

(2) Ce modèle en cire rouge se voit à Marseille, chez M. Cas.

route (en 1688). Mais à peine arrivé dans la capitale, il se voit dans un pays inconnu; tout y est nouveau pour lui; son langage n'y est pas entendu. En veut-on un seul exemple? il peint et la noble franchise et la juste indignation de l'artiste. Ce roi, qui avait payé par des prodigalités le voyage de Bernin en France, voyage qui n'avait eu aucun résultat, ce même roi avait mesquinement récompensé l'auteur de *Milon* et d'*Andromède*. Puget s'en plaignait à Louvois, et demandait une somme considérable: « Le roi n'en donne pas davantage à ses gé-« néraux d'armée, dit le ministre. — J'en « conviens, répond l'artiste; mais Sa Majesté « n'ignore pas qu'elle peut trouver facile-« ment des généraux d'armée dans ce nom-« bre prodigieux d'excellens officiers qu'elle « a dans ses troupes; mais qu'il n'est pas en « France plusieurs Puget. »

Enfin ce grand homme, qui, au lieu de l'accueil distingué et des honneurs qu'il avait si justement mérités, ne trouva partout qu'une froide indifférence, quitte Paris. Il a connu la cour et le roi; il a apprécié son siècle. Il revient à Marseille ; s'y bâtit une maison et une *villa*, qu'il décore avec goût et simplicité, et n'attend plus que de la postérité la justice que ses contemporains lui refusent.

Ses derniers loisirs furent encore consacrés aux arts. Il donna le plan de plusieurs monumens d'architecture dont Marseille s'énorgueillit ; il termina le bas-relief de Diogène, que depuis long-temps il avait commencé. Puget lui-même l'a décrit en ces termes : « Diogène est à l'embouchure de « son tonneau, assis, tenant en sa main un « rouleau de papier. Sa lanterne et son « bâton sont à côté. Alexandre est à cheval, « accompagné de quelques officiers aussi à « cheval, dont l'un tient son bouclier et son « casque, et l'autre une enseigne. Il y a « encore d'autres figures appropriées au « sujet (1). » Le moment choisi par l'artiste est celui où le philosophe demande au héros macédonien de s'ôter de devant son soleil.

---

(1) Mémoire au marquis de Louvois, en date du 20 octobre 1683.

La première chose qui frappe dans ce bas-relief, c'est le grandiose de l'ensemble. Quoique Puget ne l'ait terminé que dans un âge avancé, toutes les parties en sont pleines de feu et de mouvement. Après avoir admiré la figure d'Alexandre, celle de Diogène, les heureuses nuances dans le caractère et l'expression des personnages de la suite du roi; l'architecture riche et noble du fond, la perfection des ornemens; permettra-t-on à la critique de faire entendre sa voix, et d'observer, avec le respect dû au génie, que Puget sembla oublier qu'un bas-relief n'est point un tableau? Observera-t-elle encore que le geste de Diogène ne dit pas précisément ce qu'il doit dire?

Un nouveau bas-relief occupe Puget. Il a choisi pour sujet la peste de Milan. Ici, l'artiste s'est donné moins de liberté; les plans sont heureusement sentis et dégradés.

Saint-Ambroise adresse à Dieu des prières ferventes; il est accompagné de deux prêtres. Tout près est une jeune femme qui expire, entourée des objets les plus chers, son père et ses enfans. Sur le premier plan, un fossoyeur traîne le corps d'un pestiféré, dont on ne voit que les extrémités inférieures. Dans le fond, un jeune homme est étendu sur son lit de mort; son épouse laisse éclater sa douleur.

Au milieu des scènes les plus déchirantes, du spectacle des souffrances et de la mort, des cris du désespoir, l'espérance qui brille sur la figure du Saint nous rassure; ses prières vont être exaucées ; ce groupe d'anges qui portent la croix, signe de réconciliation et de salut, nous l'annonce. Ces anges reposent agréablement notre vue fatiguée du spectacle de douleur que nous offre le bas de la composition.

Ce bas-relief n'est pas terminé : quelques parties sur les premiers plans sont à peine ébauchées... La mort ne permit pas à Puget de l'achever (1). Son dernier ouvrage fut consacré à une scène de douleur. A quelles autres représentations pouvait se plaire celui qui toute sa vie fut le jouet du malheur? Celui qui, arrivé au terme de ses jours, se voyait frustré du prix

(1) Puget mourut à Marseille le 2 décembre 1694.

de ses immortels travaux? Peut-être encore, en choisissant un semblable sujet, était-il inspiré par le sentiment de sa fin prochaine?

Parmi les dessins que Puget exécuta pendant le second séjour qu'il fit à Toulon, il en existait un particulièrement remarquable : il représentait la Fortune distribuant ses dons à toutes les professions. Mais la sculpture et l'architecture délaissées n'avaient point part à ses faveurs. Les honneurs et les richesses prodigués à Le Brun vengeront-ils Louis XIV de cette juste satire?

Puget a été surnommé le Michel-Ange de la France; mais ce titre suffit-il à sa gloire? Ne pourrions-nous pas mettre dans la bouche du sculpteur marseillais ces vers d'un poëte italien (1) :

. . . . insegni il Buonarotto
A tutti gli altri, e da me solo impari?

Dans la représentation des dieux et des

---

(1) C'est Masaccio qu'Annibal Caro fait parler ainsi. Dans la bouche de ce peintre, ces vers sont d'une exagération ridicule.

héros, par-tout où le génie déploie sa fierté, sa force et sa majesté, Puget se place à côté de Michel-Ange. Mais combien ce dernier est loin de notre compatriote dans les ouvrages que le sentiment et la grâce doivent embellir! Qu'a fait Buonarotti, que l'on puisse opposer au Saint-Sébastien, à l'Assomption de l'*Albergho*, au groupe de Persée et d'Andromède?

Ce n'est que parmi les anciens qu'il faut chercher les rivaux de Puget. Aussi savant qu'eux dans l'expression, noble, grand, sévère, plein de feu et d'enthousiasme, son génie est empreint à ses moindres ouvrages. Il n'a pas la pureté, la constante correction de l'antique; il est moins parfait, moins fini; mais observons qu'il ne trouva nulle part le repos et les récompenses qui réveillent l'ame des artistes et leur donnent l'énergie nécessaire pour terminer avec soin. A Gênes seulement, il jouit pendant quelques années de ces heureuses circonstances; aussi ne trouve-t-on pas, dans les ouvrages qu'il a laissés dans cette ville, des marques de cette impatience, de ces distractions qui lui ont fait laisser un des genoux du Milon à peine ébauché.

Je sens, en finissant cet essai, combien je suis resté au-dessous de mon sujet : il fallait une plume plus exercée que la mienne, de plus grandes connaissances dans les arts, pour analyser et dignement décrire des chefs-d'œuvre qui auraient honoré le siècle de Périclès. Heureux cependant si, dans cette esquisse imparfaite, on aperçoit quelques traces de l'admiration vive et sincère que fait naître en moi la vue des ouvrages de cet homme immortel! Le devoir le plus doux, celui dont l'accomplissement offre le plus de charmes, c'est de rendre hommage aux grands hommes qui ont illustré notre patrie.

NOTES.

Page 4. *Le modèle du plus beau vaisseau qu'on pût imaginer.....* Après avoir exécuté ce modèle, Puget le peignit de manière à en faire voir les trois faces, et envoya ce nouvel ouvrage à la reine-mère. On ne sait plus aujourd'hui ce qu'est devenu ce tableau. Une copie que Puget en fit sur vélin existait à Marseille chez son petit-fils.

Page 7. *Un assez grand nombre de tableaux de ce maître..... sont aujourd'hui obscurément dispersés.....* Guys, dans son ouvrage intitulé : *Marseille ancienne et moderne*, p. 143, fait mention d'un tableau de Puget représentant saint Nicolas, qui était placé dans la chapelle de la citadelle qui porte le nom de ce saint. Il parle aussi d'un autre tableau de ce maître, dont il ne désigne pas le sujet.

Page 8. *Dans le musée de Marseille....* Les trois tableaux de Puget que ce musée possède, le *baptême de Constantin*, celui de *Clovis*, et le *Salva-*

tor mundi, furent peints pour l'église cathédrale de Marseille. Puget se disposait à en faire plusieurs autres pour cette même église; mais il en fut détourné par la manière dont on récompensa ceux qu'il avait déjà exécutés. On prétend que le baptême de Clovis et celui de Constantin lui furent payés ensemble la somme de 140 livres.

Sous la régence du duc d'Orléans, ces trois tableaux furent destinés à être offerts à ce prince; mais il mourut avant qu'ils fussent arrivés à Paris; on les rapporta à Marseille, et ils furent remis à leur ancienne place.

On voyait encore à Marseille plusieurs tableaux de Puget qui ont échappé à mes recherches. Il peignit le *Déluge universel*. J'aurais voulu voir ce tableau. Peut-être Le Poussin a-t-il eu un rival. — Une esquisse de l'*Adoration des bergers* se faisait remarquer par beaucoup de chaleur et de mouvement. Un autre tableau représentant *David* était d'une touche facile, d'une couleur suave quoique peu naturelle.

Page 12. *L'église cathédrale de Toulon possède encore deux tableaux de ce maître.....* Le père Bougerel (pag. 11) fait mention d'un tableau représentant saint Félix, que l'on voyait dans l'église des

Capucins de cette ville : l'église et le tableau n'existent plus.

Page 15. *Les figures colossales qui supportent le balcon de l'hôtel-de-ville de Toulon....* Le Bernin, appelé en France, arrive à Toulon ; on le conduit devant l'hôtel-de-ville. Frappé d'admiration à la vue de ce balcon, il s'écrie : « Comment le roi de « France a-t-il pu songer à m'appeler auprès de lui, « ayant à son service un homme tel que Puget » ? On croit généralement que Bernin dit la même chose en voyant la colonnade du Louvre. C'est une erreur qui a été relevée par les auteurs de la *Biographie universelle.* « Le Bernin s'occupa d'abord des projets de restauration du Louvre ; mais il ne vit pas, comme on l'a prétendu, la célèbre colonnade de Perrault, dont les dessins ne furent présentés au Roi qu'après le départ de l'artiste italien, et qui ne fut terminée que cinq ans après. La surprise que lui inspira ce monument, et les éloges généreux qu'on lui attribue, et que Voltaire a consacrés dans ses vers, ne sont donc qu'une méprise. » (Article *Bernini.*)

Louis XIV regretta, dit-on, de ne pouvoir faire transporter à Paris ces figures colossales, parce-qu'elles sont formées de plusieurs blocs de pierre.

Mais ne dépendait-il pas de ce monarque d'en posséder de plus belles encore?

Page 17. *C'est encore l'image d'Hercule qu'il nous offre*.... Cet Hercule, qui porte le nom d'*Hercule gaulois*, ou d'*Hercule de Sceaux*, fut fait pour M. Desnoyers. « L'Hercule gaulois, dit le P. Bougerel (pag. 16), est assis et étendu sur une terrasse, s'appuyant sur un bouclier, où il a mis trois branches de lis pour faire allusion aux armes de la France. Cette figure est de sept à huit pieds. Elle passa dans la suite à M. Colbert, et fut portée au château de Sceaux, où elle fut long-temps dans l'avant-cour. M. Le Brun, qui la vit, fâché qu'un si bel ouvrage se gâtât, conseilla à M. Colbert de la faire mettre dans son jardin. Ce ministre chargea ce fameux peintre de la faire placer dans l'endroit le plus avantageux, ce qu'il fit ». Cette statue est restée à Sceaux jusqu'en 1794. A cette époque, elle fut transportée dans une des salles du palais du Luxembourg.

Page 19. *La sculpture moderne peut-elle rien opposer à ce St. Sébastien?* — Gênes connaît tout le prix de cette statue et de celle du bienheureux Ambroise. Vainement plusieurs princes d'Italie, plus avides que les Français de la possession de ces chefs-d'œuvre, ont offert aux Génois des sommes considérables, ils n'ont jamais consenti à se priver de ces beaux monumens, qui honoreront à jamais leur superbe cité.

Page 20. *C'est un vieillard, c'est Ambroise.....* Quelques personnes prétendent que cette figure représente l'évêque Saoli, un des ancêtres des fondateurs de l'église de Carignan ; d'autres y voient saint Ambroise, sous les traits de ce même évêque Saoli. Cette dernière opinion m'a paru la plus vraisemblable. C'est celle du P. Bougerel (pag. 17), de Milizia (*vita dell' architetti*, pag. 263), etc.

Page 21. *Nous voici devant l'asile des pauvres, Albergho dei poveri....* Quelques écrivains assurent que ce monument avait été construit avant l'arrivée de Puget à Gênes. On nomme même les architectes qui y travaillèrent ; c'étaient Antoine Coradi, Jérôme Gandolfo, Antoine Corriglia, et Bat. Ghiso. Cependant la façade de cet hôpital a été regardée, jusqu'à ce jour, comme l'ouvrage de Puget, par des auteurs dignes de foi. J'adopte leur opinion.

Ibid. *La Vierge nous appelle.....* J'ai ouï critiquer l'attitude de cette Vierge; on la trouve un peu recherchée. — Le P. Bougerel rapporte un trait touchant au sujet de cette statue: « Le signor Sbrignosa, qui la fit faire à ses dépens, ne manquait pas de se prosterner tous les jours à ses pieds, dans le temps même que Puget la travaillait. » (p. 21.)

Page 24. *Pâris enlève Hélène à son époux.....* Ce modèle fut fait pour le signor Spinola (d'Argenville, Vie des fam. sculpt., p. 197). Il est actuellement dans le cabinet de M. Cas, marchand de tableaux et de statues, à Marseille. Ce modèle ne fut jamais exécuté. En 1683, Puget, dans le Mémoire qu'il adressa à Louvois, disait: « Je fis à Gênes le modèle du ravissement d'Hélène, qui, étant exécuté en marbre, serait quelque chose d'extraordinaire. »

Page 25. *Le Bernin s'étonna devant Colbert qu'on pût laisser loin de sa patrie un homme si bien fait pour l'honorer....* Pourquoi Colbert appelait-il en France des artistes étrangers, tandis que nous en avions qui les surpassaient? La réponse est facile. Lorsque Puget s'était attaché à Fouquet, et qu'il était sur le point de partir pour Gênes, le cardinal Mazarin fit des efforts pour retenir cet artiste à Paris et l'enlever au surintendant. Colbert, qui était alors auprès de Mazarin, avait été chargé de détourner Puget de ce voyage; celui-ci résista à ses sollicitations. Colbert devenu ministre se souvint des refus de l'artiste, le laissa dans l'oubli, et sacrifia ainsi à cette petite haine la gloire de sa patrie.

Page 26. *Et prive Gênes des chefs-d'œuvre qu'elle attendait.....* Puget avait fait le modèle d'une *Ste. Magdelaine* qu'il devait exécuter en marbre pour l'église de Carignan.

Page 28. *Sur un autel, dont il confia l'exécution à ses élèves, on voit aussi deux figures en marbre de sa propre main....* Un bas-relief, qui sert à motiver ces deux figures d'anges, représente le Père Éternel dans une gloire. Quoique l'ensemble de ce bas-relief ne manque pas de grandeur, il offre des parties défectueuses. Puget a sans doute donné le dessin de ce bas-relief, mais c'est là tout. — J'ai souvent regretté que la sculpture ne fût pas plus souvent employée dans la décoration de nos églises. Aucun genre ne peut mieux convenir à des lieux où l'humidité et la fumée ont bientôt noirci les tableaux les mieux coloriés. En général, dans notre manière de décorer les édifices, la sculpture est trop subordonnée à la peinture.

Ibid. *Puget a trouvé le développement parfait que la pose de ces figures et l'imitation d'une nature idéale pouvaient autoriser.....* Je me sers du mot *idéal*, quoique je n'ignore pas que cette expression peut être prise dans un sens impropre. Après avoir long-temps disserté sur le *beau* dans les arts, les savans et les artistes sont généralement convenus qu'il consiste dans l'imitation de la nature, mais d'une nature choisie. Si les Grecs avaient inventé au lieu d'imiter, ils ne seraient pas aujourd'hui nos maîtres. Comment auraient-ils réussi à donner à leurs divinités un caractère et des proportions si heureusement variées? Apollon ne se confond pas chez eux avec Bacchus; Hercule diffère de tous les deux; Diane n'a pas les mêmes attraits que Vénus. Ils savaient trop bien étudier la nature, pour qu'ils pussent abandonner cette étude ou s'y égarer. — Boucher et ses imitateurs aspiraient au *beau idéal* lorsque, livrés à tous les caprices d'une imagination déréglée, ils dédaignaient de consulter la nature.

Page 30. *Cet écusson fut payé* 1500 *livres à Puget.....* Le P. Bougerel (pag. 32) a rapporté la convention passée entre Puget et les échevins de Marseille. Elle est en date du 25 janvier 1673. Quand Puget eut fini cet ouvrage, il représenta aux échevins qu'il ne lui restait pour sa peine que 140 livres sur les 1500 qu'on lui avait données. Il offrait de reprendre lui-même ces armoiries au prix de 6000 livres; mais les échevins lui firent exécuter avec rigueur la convention.

Page 30. *Confiant en sa force, fier de ses nombreux triomphes, Milon.....* Cette figure est haute de huit à neuf pieds. Elle fut faite à Toulon, et de là envoyée à Versailles. Le roi et la reine assistèrent à l'ouverture de la caisse. Marie-Thérèse, pénétrée de la vérité avec laquelle l'artiste avait exprimé les souffrances de l'athlète, s'écria : *Ah! le pauvre homme!* Ce mot, qui est un grand éloge, ne peut cependant servir à caractériser le *Milon*; il s'appliquerait tout aussi bien au *Laocoon*, etc.

Page 33. *La fille de Cassiope expie l'orgueil et la témérité de sa mère.....* Voici comment Puget parlait lui-même de cette statue dans son Mémoire à Louvois : « Je me suis remis après mon groupe de l'enlèvement d'Andromède par Persée, dont j'enverrai bientôt le dessin. J'espère que cet ouvrage sera plus beau et plus agréé que celui de Milon; la pièce de marbre est sans aucun défaut, et blanche comme la neige. J'y ai travaillé, en divers temps, cinq ans, y comprenant le modèle, que j'ai fait aussi grand que le marbre..... Cette pièce a dix pieds et demi de hauteur ». Quoique ici Puget paraisse donner la préférence à l'Andromède sur le Milon, il disait dans la suite: « Il est vrai que le marbre de l'Andromède est plus beau, mais la figure de Milon est plus achevée. »

Page 34. *Marseille l'arrête à son passage.....* On conserve dans les archives de la mairie de Marseille une copie de plusieurs pétitions adressées au roi et au ministre par Puget, à l'occasion de cette statue équestre. Voici un extrait de ces pièces inédites dont je dois la connaissance aux bontés de Mr C. R..... : « L'année 1686, MM. les échevins de Marseille, à l'exemple des autres villes du royaume, traitèrent avec le sieur Puget, sculpteur et architecte, pour dresser dans une place publique la figure équestre de S. M. sur un grand piédestal magnifiquement orné. Ledit sieur Puget demanda pour tout l'ouvrage 180,000 liv..... M. de Morant, intendant pour S. M. en Provence, et MM. les échevins, voyant ce prix fort considérable, demandèrent audit sieur Puget combien il prétendait dudit ouvrage, eux fournissant tous les matériaux nécessaires. Ledit sieur Puget demanda 30,000 livres, et lesdits MM. intendant et échevins lui en offrirent 20,000..... Enfin, Monseigneur, ledit sieur intendant m'obligea d'entreprendre cedit ouvrage pour le prix et somme de 150,000 liv..... Je consentais à travailler audit ouvrage pour cette somme, ajoutant que si par malheur la statue ne pouvait se soutenir sur les deux pieds de derrière du cheval, comme porte mon obligation, je mettrais pour le soutenir quelques trophées ou ce qu'on jugerait convenable »..... (Extrait d'un mémoire à monseigneur Colbert de Croissy.)...... « Un échevin a fait l'injustice à Puget de faire casser son contrat sous prétexte d'un rabais de 20,000 liv. que fait un nommé Clérion, sculpteur, dont les ouvrages ne peuvent être comparés à ceux du suppliant, qui s'était flatté de faire un monument qui aurait pu être admiré dans Marseille par toutes les nations qui y abordent ». (Extrait d'un mémoire au roi.)..... L'échevin dont parle Puget dans ce mémoire s'appelait *Lagneau.* Voici comment le P. Bougerel rapporte ce fait: « Puget n'eut pas plutôt montré son plan, qu'un des échevins, qui avait sa maison au Cours, voulut supprimer le bâtiment qu'il voulait faire à l'entrée de la Canabière, parcequ'il l'empêchait de voir de sa maison la Place-Royale et la statue équestre. Puget ne put consentir à ses désirs, parcequ'ils dérangeaient absolument son plan. Cet échevin, piqué au vif, et qui d'ailleurs était déjà mécontent de Puget, qui avait refusé de lui faire deux statues *gratis* pour sa maison de campagne, n'oublia rien pour s'opposer à ce que Puget fût chargé de cet ouvrage.

Comme il avait beaucoup de crédit à l'hôtel-de-ville, il fit casser le contrat fait avec Puget, et en fit passer un nouveau avec Clérion, sculpteur d'un mérite inférieur à celui de Puget. Tous les gens sensés en furent indignés; Puget y fut extrêmement sensible »..... (pag. 48.)

Dix plans que Puget dessina pour la Place-Royale existent encore dans les archives de Marseille. Ils sont tous différens, et offrent tous des beautés originales. Mais où Puget déploya l'étonnante fécondité de son génie, c'est dans les plans d'élévation de cette même place, que l'on voit chez M. de Panisse à Marseille.

Page 38. *Le geste de Diogène ne dit pas précisément ce qu'il doit dire*..... Cette observation fut faite par Le Brun à Puget, qui, docile à l'avis de ce grand peintre, fit un superbe dessin dans lequel il corrigea le mouvement de Diogène. Ce dessin, qui est d'une correction et d'une pureté admirables, existe à Aix, chez M. Magnan. (Rabbe, Eloge de Puget, pag. 58.)

Ibid. *Un nouveau bas-relief occupe Puget; il a choisi pour sujet la peste de Milan*..... Ce bas-relief fut commencé pour l'abbé de La Chambre, curé de St. Barthélemi à Paris; mais il ne fut pas envoyé à sa première destination. Il resta longtemps à Marseille, chez le petit-fils de Puget, et fut ensuite acheté par les administrateurs du bureau de la santé, au prix de 10,000 livres.

FIN.

www.ingramcontent.com/pod-product-compliance
Lightning Source LLC
LaVergne TN
LVHW010052230826
846091LV00005B/1919

* 9 7 8 2 0 1 1 7 7 1 3 5 3 *